Secretos para vivir de las criptomonedas

Contenido

Qué cantidad de dinero se necesita para vivir de las criptomonedas 5

Las razones para invertir en criptomonedas 10

Descubre la rentabilidad de vivir haciendo trading de Bitcoin 13

Testimonio real acerca de cómo vivir de las inversiones en Bitcoin 20

Las ambiciones de vivir del trading 24

¿Cuánto debes generar para vivir de la criptorenta? 31

Algunas recomendaciones para vivir de las criptomonedas 36

Las experiencias generales de vivir de las criptomonedas 40

Formas de ahorrar y vivir de las criptomonedas 42

Las habilidades para vivir del trading de criptomonedas 45

El salario regular del mundo cripto 52

Ahorros de jubilación en criptomonedas 56

Comprar criptomonedas como garantía hacia el camino de la jubilación 59

Los planes de jubilación diseñados a base de criptomonedas 61

El lanzamiento de Bitwage para crear un plan de jubilación 68

Las mejores criptomonedas para crear un plan de pensión 71

Los criptoactivos como señal de futuro para los fondos de pensiones 73

Acciones que debes evitar para vivir de las criptomonedas 77

La generación de ingresos con los avances tecnológicos se ha diversificado por completo, donde sobresale una opción interesante a corto, mediano y largo plazo como son las criptomonedas, pero todavía yacen algunas dudas de cómo convertir este medio en una fuente de ingreso que te permita vivir con comodidad.

Detrás de algunas criptodivisas se encuentra la clave para que tus preocupaciones financieras disminuyan, pero no deja de ser un riesgo mismo por tratarse de una inversión y como cualquier otra, se encuentra la posibilidad de ganar o perder dinero, pero al lidiar con ese resultado vas a poder estar abierto a que se produzcan importantes ganancias.

Qué cantidad de dinero se necesita para vivir de las criptomonedas

Cuando estás pensando en invertir en criptomonedas, un detalle que debes estimar es el tipo de capital que debes disponer para que se multipliquen las cifras en ganancias positivas, existen distintas formas o modalidades para lograr ese tipo de resultado económico, a medida que puedas conocer de este mundo puedes dedicar lo necesario.

Desde el inicio debes conservar una visión realista de los riesgos a los cuales te enfrentas, como también las vertientes de este mundo económico, distintos administradores usan su conocimiento para participar en las inversiones en criptomonedas, y un punto importante a debatir es de qué manera puedes invertir.

- **Elegir hodler o criptotrader**

Al momento de ser parte de la inversión de criptomonedas puedes adoptar dos tipos de modalidades, estas dependen del tipo de tiempo que poseas para dedicar a esta actividad, como también la magnitud del capital destinado para esta inversión, por ello esto se clasifica en dos caminos.

En primer lugar, tienes la opción de obtener un nivel óptimo de ganancias hasta el punto de vivir de esta inversión, y por otro lado también se encuentran los participantes que sólo buscan alcanzar un nivel de rentabilidad de dinero que manejas y esto ya no es proporcionado por un banco o una entidad tradicional, mucho menos ante la inflación.

Estos dos conceptos se pueden hacer realidad por medio de una actuación hodler o criptotrader, en el caso de hodlers se refiere a la acción de mantener las criptodivisas, esta alternativa posee la ventaja de que el tipo de capital es flexible porque de igual manera a largo plazo a va rendir frutos.

1. **Hodler**

Pero ante la opción de hodl debes llevar a cabo una cuenta que sea totalmente realista, puedes iniciar bajo el estudio del mercado, como también conservando la postura de retener y vender los activos en el mejor momento para cada paso, este es un punto clave porque de lo contrario no habrá rentabilidad.

Otro tipo de estimación que debes hacer, es manejar la proporción de las ganancias con respecto a la inversión que estas realizando, ya que si usas un capital de $1,000 USD no puedes tener la expectativa de generar $10,000 USD, se trata más bien de apostar por un rendimiento que esté aproximado al 20% o 50%, esto depende de tus decisiones.

En caso de querer vivir por completo de las criptomonedas, al hacer hodling debes contar con un importante capital, de ese modo puedes percibir algunos beneficios económicos necesarios para vivir, al mismo tiempo de dichas ganancias debes empezar a disminuir todo lo referente a impuestos y demás.

El tema de los impuestos no lo debes pasar por alto, ya que en países como España por ejemplo se establece una renta o cobro sobre el beneficio que produzca, alrededor del 18-21% es dedicado para el pago de dicha imposición legal, este es un obstáculo para observar a las criptomonedas como una solución de vida a nivel financiero.

Para vivir por completo de una inversión en criptodivisas con la modalidad de mantener, debes involucrar al menos un capital que ronde los $100,000 USD, pero cuando sólo buscas generar algún tipo de intereses por medio de las criptomonedas, lo mejor es mantener y vender de forma progresiva a largo plazo.

Sin embargo, el riesgo de que algún activo baje de precio, es una condición con la cual debes lidiar, se trata de inversiones que no se pueden controlar, pero al mismo tiempo representan una victoria financiera cuando aciertes.

- **Método para invertir en criptomonedas**

Dentro de las técnicas más implementadas para invertir a largo plazo en criptomonedas, es por medio del seguimiento de la media móvil por lo menos estudiando el plazo de 120 a

150 periodos, de ese modo cuando el precio vaya aumentando y ronde la media, o se trate de la media a largo plazo se limita el plazo para comprar.

Por otro lado, se encuentra el tema del stop loss, aunque distintas opiniones lo clasifican como un recurso peligroso, sobre todo cuando estas apostando por una postura hodling no es lo más recomendable, es esencial que cuides la inversión de tu capital sobre cualquier modalidad, sobre todo en un solo activo, mejor diversifica.

2. Criptotrading

En segundo lugar, se encuentra la postura y el trabajo de criptotrading, este es un método en el cual puedes obtener más ingresos, pero al mismo tiempo para vivir de estos resultados debes disponer de cantidad considerables de capital, los expertos recomiendan que puedas disponer al menos de $10,000 USD.

Si todavía eres novato dentro de este tipo de inversiones, no empieces a invertir con un capital exageradamente alto, puedes ir practicando con una medida mucho más baja a la mencionada anteriormente, hasta crear un plan de inversión donde puedas añadir algunas técnicas o pasos de criptotrading que sean estudiados y probados.

A medida que estés empleando un paso que funcione, vas a poder subir de manera progresiva hasta el punto de que si eres bueno vas a vivir de esto sin problema alguno, pero el deber se encuentra sobre la adquisición de conocimientos, vas a necesitar leer y estar informado en cualquier instancia para tener ideas de tus análisis.

Sin importar lo que puedas leer o investigar, la línea que debes conservar es la del autoconocimiento, tu propia determinación es la que te va a ayudar a tomar las decisiones que consideres apropiadas, sobre todo porque los límites deben ser marcados por ti, ese es el modo de establecer un sistema personal.

En caso por ejemplo de ser hodler, no debes pasar tanto tiempo al pendiente de las operaciones ni mucho menos, pero en el caso de criptotrader se trata de una inversión de al menos 4 horas diarias, todo depende de la disposición que poseas al invertir.

Las razones para invertir en criptomonedas

Al pensar en invertir en criptomonedas para cambiar de vida y todavía tienes dudas, puedes tomar en cuenta los siguientes puntos para hacerlo lo mejor posible, conservando la convicción necesaria para alcanzar ganancias:

- Las criptomonedas poseen una trayectoria considerable, debido a que desde hace más de 11 años forman parte del panorama financiero y están más vigentes que nunca bajo el impulso de la transformación digital.
- Ante la enorme variedad y cantidad de activos es sencillo que seas capaz de diversificar el capital invertido.
- Por otro lado, el costo de operar con estos activos es muy bajo, debido a que los Exchanges modernos imponen pocas comisiones o son prácticamente nulas.
- Actualmente es la forma más confiable ante la inflación de proteger tu capital.
- La privacidad se encuentra garantizada, ya que la gestión de las operaciones se puede desarrollar desde el anonimato y no tiene que ver con la banca tradicional.
- Adquieres el control real de tus activos, observando algún cambio y con la posibilidad de retirar y depositar a placer.
- La transferencia de dinero se lleva a cabo de manera rápido al tratarse de procesos digitales, y resulta más económico.
- Las criptomonedas se pueden utilizar en cualquier zona del mudo, su escala global te permite usarlo o disponer del activo con total libertad.

- No hay necesidad de pagar por conservar el dinero, mucho menos al comprar y vender criptomonedas.
- A medida que transcurre el tiempo, se instauran distintas facilidades para que puedas disponer de criptomonedas día a día por medio de un simple clic.
- Estos activos son una solución para dejar a un lado los estragos de la inflación.
- Si posees un negocio, puedes aceptar criptomonedas para adquirir un número mayor de clientes.
- Poco a poco empieza a generarse cierta regulación de protección sobre las operaciones con criptomonedas, este es un punto importante para operar con mayor confianza.
- Al inicio como principiante no necesitas una gran cantidad de capital, puedes empezar por conocer todos los recursos que este tipo de inversión proporciona.
- Tras el uso excesivo de criptomonedas, están surgiendo más formas de inversión, donde resaltan los fondos de rentabilidad y otros.
- La comunidad es la que controla el mundo de las criptomonedas, esto quiere decir que ningún gobierno posee algún tipo de intervención.

- Este tipo de inversión es emocionante, puede transformarse en un estilo de vida para ti, ya que distintas comunidades viven al máximo esta experiencia.

Aprender a vivir de las criptomonedas requiere ante todo de motivación, por ello estas razones anteriores son la mejor forma para obtener claridad al momento tomar alguna decisión y apostar todo por mejorar tus habilidades.

Descubre la rentabilidad de vivir haciendo trading de Bitcoin

Al pensar en invertir en trading de Bitcoin, debes responder algunas dudas previas para dar pasos sólidos, ya que tras cada día es una opción que ha ganado popularidad a largo plazo, sobre todo por el tipo de privilegios que esta inversión representa para muchas personas esto ha sido apoyado por las opciones disponibles en línea.

La participación de los minoristas dentro de las criptomonedas es más precisa por el tipo de facilidades que concede sobre diferentes ámbitos, esto es lo que causa que cada vez más personas puedan facilitar en este apartado de inversiones, no se trata de que sea fácil ganar, sino que es rentable a medida que ganes experiencia.

La práctica es un elemento que no puede faltar sobre el mundo de las criptomonedas, ya que genera posibilidades ilimitadas para obtener ingresos, la compra de un activo es simple y al mismo tiempo funciona como una protección sobre tu patrimonio para eludir la inflación, pero puedes ir más allá y especular para vivir de esta actividad.

Por medio de algunos movimientos pequeños y según los movimientos del mercado puedes ganar dinero, eso al resultar una constante o realizarlo con un gran capital vas a poder alcanzar una fuente de ingresos óptima, donde el Bitcoin es una opción oportuna si consideras vivir de este tipo de esfuerzos.

Antes de pensar en someterte a esta actividad, lo principal es que puedas creer en ti mismo, y no dar por hecho que se trata de una actividad fácil, porque la rentabilidad se puede asignar con el progreso y esas acciones que poco a poco les dan forma a estas inversiones a largo plazo.

- **La alternativa de holding, trading de Bitcoin y algunas criptomonedas**

El medio de las inversiones en criptomonedas es una proliferación en línea, hasta el punto de que se encuentran cursos y formaciones especiales sobre este tema, ya que cualquiera desea vivir del trading, sobre todo porque en un punto se convierte en una medida atractiva al ir especulando de manera progresiva.

Pero para llegar a producir ganancias es vital dominar ciertos conceptos como el scalping, la entrada y el swing trading, estos términos son esenciales para medir la rentabilidad de tus acciones, sobre todo cuando deseas que este sea tu medio de ingreso o de vida, el deber reside sobre la formación constante.

Mientras te puedas exponer al riesgo con un mejor raciocinio, además sin importar el tipo de resultado que se presente no debes perder el valor de la tolerancia, este es el reto que debe enfrentar todo tipo de trader principiante ya que el mercado no se puede controlar y mucho menos el tipo de revés que presente.

Por medio de las operaciones que lleves a cabo, el límite o punto de quiebre es mayor, eso es lo que te permite tomar mejores decisiones, sin que las preocupaciones rijan tus pasos, de ese modo puedes construir un capital valioso en un menor lapso de tiempo, sobre todo porque se debe aprender a lidiar con los riesgos altos para que crezcan los beneficios.

La clave para vivir del trading es la confección de un plan, el cual vas a seguir con una inversión de energía especial que posea constancia, control de tus pensamientos, y también la disciplina, todos estos son puntos a profundizar, además en algunos momentos del mercado es vital dominar el holding de criptomonedas.

Antes de querer correr riesgos que te impulsen hacia ganancias potenciales puedes tomar el control de tus acciones al comprender estas acciones:

- **Qué hay detrás del holding de criptomonedas**

No hay duda que esta modalidad de criptomonedas tiene que ver con la forma en la que se compra dentro de este mercado, pero posee una gran distinción sobre el trading, ya que se trata de una inversión a mediano y largo plazo, como una forma en la que se comprende esta actividad bajo un ritmo un poco más pausado.

Este escenario es más relajado para tomar decisiones porque no estas sometido a tanta presión, pero esto no quiere decir que preferir el trading sea una actividad negativa, sino que demanda mayor experiencia para no llegar a un margen de pérdidas alto, a medida que poseas conocimiento vas a tener en tus manos resultados significativos.

La realización del trading de manera activa requiere un número importante de horas, al cumplir con este requisito es que vas a obtener ganancias en base a cada hora y movimiento realizado, pero la recomendación es dominar cada uno de estos temas para incursionar sobre la modalidad más efectiva para pensar en la inversión a largo plazo.

- **El plan de trading y la psicología de por medio**

Lo que más importa es el interés que dediques al momento de iniciar en el mundo del trading, empezando por investigar muchos detalles sobre Bitcoin, de ese modo puedes hallar las facilidades de este medio, donde el primer paso es construir un plan de trading para que tengas algunas reglas básicas sobre la salida e ingreso al mercado.

Sobre la gestión de riesgo se encuentra la oportunidad de disminuir el tipo de pérdidas que puedes enfrentar, esa una vía ideal para que el éxito aumente hasta el punto de vivir de esta inversión, más allá de no tener la mejor estrategia del mundo de criptomonedas, pero hay algunas reglas de oro a seguir para que las ganancias sean mayores a las pérdidas.

Es suficiente tomar algunas premisas para que cuando surjan los errores obtengas tranquilidad, ya que de lo contrario vas a tomar decisiones apresuradas en base de tus emociones, en este punto entra en controversia la psicología que forma parte del inversor, la cual se puede construir por medio de la experiencia.

Pero algunos elementos que complementan una buena toma de decisiones, necesitas la disciplina y la constancia esto es lo que permite que tengas un cumplimiento al pie de la letra de tu estrategia, pero con la consciencia que no se trata de algo que puedes lograr de un momento a otro, sino que todo va de la mano de la práctica hasta ir avanzando.

- **Preferencia del bróker, uso de cuentas demo y el paso hacia la cuenta real**

Una vez que te encuentras listo para ser parte del mundo de inversión en criptomonedas, lo siguiente está referido sobre la elección del sitio web para realizar trading como también inversiones de este tipo, pero debes concentrarte en uno que sea de total confianza y que posea las mejores características para tus planes de inversión.

Elegir un bróker no se debe clasificar como un paso fácil o una decisión a la ligera, necesitas asegurarte que sea un sitio legal y regulado, además de proporcionar buena atención al cliente sin altas comisiones ni mucho menos, lo mismo ocurre con todos los detalles referentes a depósito y retiro para que sean convenientes para tu caso.

La investigación como prevención es la mejor alternativa para tomar una decisión apropiada, una de las recomendaciones más utilizadas es Binance, ya que se trata de un Exchange interesante que se está posicionando a nivel mundial, el ofrecimiento de este portal es importante para ser parte del movimiento de las criptomonedas.

Constituir una cuenta real te permite llevar a cabo todo tipo de operaciones, desde cada opción puedes empezar a poner a prueba tus emociones hasta que tus decisiones te conduzcan hacia la obtención de ganancias, más allá de empezar con poco o gran capital, lo importante es dominar el impulso errático en base de tus emociones.

Realizar el trading con Bitcoin o alguna otra criptomoneda se concibe como una actividad riesgosa, pero de ese mismo modo proporciona importantes posibilidades de incrementar tu capital, por ello debes evaluar una gestión y administración de los mismos para que llegues a tener éxito en medio de esta inversión.

Testimonio real acerca de cómo vivir de las inversiones en Bitcoin

No hay duda que a lo largo del mundo el Bitcoin se ha asentado como un medio de pago aceptado en cada comercio y ubicación, todo está abierto o disponible cuando se trata de Bitcoin, además es un activo mucho más rentable que el oro, esto ha cambiado con el paso del tiempo para colocar en mejor lugar a las criptomonedas.

La alternativa del Bitcoin cada vez cobra más fuerza y los que iniciaron con este activo están viviendo un sueño único, ya que no sólo puedes vivir por medio de este activo sino también facilitar cualquier viaje en lugar de desplazarte con dinero en efectivo, esta primera criptomoneda ha sido el punto de financiamiento de muchas aventuras.

La formación del ecosistema de criptomonedas ha iniciado por medio del Bitcoin, pero para llegar a las ganancias reales debes vivir con el riesgo, este es un punto que puede ser complejo para muchos, pero existen testimonios reales de muchos usuarios que renuncia y viven únicamente con Bitcoin.

En el caso del popular Didi Taihuttu se rehízo de una pérdida familiar para construir su propio negocio, pero con el tiempo adoptó una visión materialista que fue rebatida con otro suceso familiar que lo alejó de los negocios, por lo que tuvo que apelar por un descanso para organizar sus ideas.

Durante los viajes realizados por este personaje, empezó a observar el cambio y la productividad de sus activos en Bitcoin y Doge, lo que generó una revolución sobre su visión financiera ya que el buen sentido empresarial lo impulsó a ser parte de esta opción para contribuir con el cambio del mundo que generan las criptomonedas.

Al inicio Didi Taihuttu relata que su familia no tomó de la mejor manera esta decisión, ya que estaba vendiendo sus propiedades para comprar Bitcoin, pero al menos estaban de acuerdo en que necesitaban un cambio de vida menos materialista, ese cambio sobre sus vidas lo estaban apostando por el Bitcoin.

La apuesta completa por Bitcoin era una realidad, usando la facilidad que representa comprar una gran cantidad de Bitcoin de forma segura y rápida, todo es simple para empezar a manejar este activo, pero la ventaja es acudir hacia un sitio dónde no acepten este tipo de activos.

Explorar el mundo cripto causó que pudiera hallar proyectos para añadir socios, además existe una colaboración de esta herramienta de pago para utilizarla como un medio de liquidez, y muchas personas le cuestionan cómo ha sobrevivido ante el nivel volátil y las caídas que ha sufrido el Bitcoin.

La respuesta ante ese escenario es acostumbrarse a las fluctuaciones, sin pensar en que caiga a 0 porque estarías en bancarrota, pero la vida se trata de aventuras y la protección yace desde la compra de Bitcoin de forma baja, para que ante cualquier movimiento tengas un margen de ganancia y protección al cual apelar.

El trading puede ser la fuente de ingreso de cualquier tipo de familia, pero ante las caídas sólo debes dejarte llevar por la propia tendencia, sin perder de vista todo lo que has ganado en lugar de solo concentrarte en lo material, ya que esto calma tus pensamientos para tener una mejor postura ante alguna turbulencia financiera.

Si tienes dinero para vivir mensualmente, no hay necesidad de preocuparse a largo plazo, dentro de las inversiones entra en juego la mentalidad, y al final la vida transcurre con velocidad por ello es mejor disfrutar el presente sin preocuparse por lo que ocurra el mañana, solo debes sostenerte en la predicción inicial del precio de Bitcoin que te convenció.

Cada mercado alcista o bajista posee su propia oportunidad, y sobre cada criptomoneda existe un máximo histórico, pero ese tipo de movimientos no surgen de inmediato, sino que todo depende de la macroeconomía, así como también una gran cantidad de factores o variables, pero lo que no se debe es perder la fe sobre la criptomoneda elegida.

La apuesta por el Bitcoin se debe a que ningún tipo de empresa o idea de negocio, ha logrado sostenerse por más de 11 años, durante las 24 horas del día, y de forma permanente los 7 días de la semana sin un error de por medio, esto solo lo ofrece una criptomoneda tal como es el proyecto pionero de Bitcoin.

El camino del BTC todavía arroja muchos detalles por estudiar, pero sin duda es una práctica por impulsar, ya que es una manera natural de seguir en la dinámica económica sin sufrir las caídas de los sistemas tradicionales que ocurren a nivel mundial, por ello las criptomonedas son una salida descentralizada.

Ante esa intención de los gobiernos de limitar el flujo de efectivo, puedes optar por los activos digitales, esta forma de pago es la que adquiere fuerza en la actualidad, y sin necesidad de perder el nivel de privacidad de estos medios digitales, dicho poder es parte de cada uno de los activos como DASH, BTC, y otras.

Lo importante es que este personaje reafirma la utilidad de utilizar cualquier criptomoneda que sea de tu preferencia, y ante situaciones como una pandemia no surge ningún efecto negativo sobre estos activos porque están en todas partes del mundo, y al contrario de lo que se piensa su uso aumentó de forma significativa.

No hay duda que es interesante vivir de las criptomonedas o reducir tu patrimonio hacia este activo, es una industria permanente que tienes a tu disposición para obtener la tranquilidad plena, pero sin perderte de lo importante que es vivir, en lugar de sólo visualizar los cambios en el precio.

Las ambiciones de vivir del trading

No hay duda que el trading no es sencillo, pero es un sueño y una meta para muchos llegar a vivir de esta actividad, en una situación como la pandemia del Covid-19 con tantas secuelas negativas a nivel social, financiero, sanitario y demás, pero diversifica la manera de operar de los inversionistas.

Pero tras diferentes análisis de bróker se generan resultados contundentes que imponen la preferencia sobre este tipo de inversiones por su constante disponibilidad sin importar las circunstancias externas, pero cualquier movimiento puede causar un estado de alarma sobre tus activos invertidos.

Algunos cambios o consejos son extendidos para superar la fase de la pandemia sin que esta actividad decaiga, más allá de que la realidad haya cambiado por completo, lo importante es superar las crisis económicas que postula el COVID, ya que este es un factor que afecta a un número elevado de trabajadores tradicionales.

Al trabajar desde casa de manera remota, puedes resolver tus problemas económicos por medio de un estudio técnico y táctico, eso permite utilizar los protocolos de seguridad para invertir con mayor libertad u oportunidad, además en una contingencia te puedes concentrar para trabajar sobre esta acción de inversión.

La diferencia de trabajar a distancia ha sido develada por parte del confinamiento, porque la oficina se traslada hacia el hogar y ante el estado de alarma lo más conveniente es aumentar el tipo de operatividad que ejerces al invertir en criptomonedas, de ese modo abrir una cuenta en plataformas como brókers puede abrirte paso a generar ingresos.

La situación o trato actual con las criptomonedas es mucho mayor a años anteriores, tras cada bróker se encuentra una estadística del cambio o participación de cada año, donde resaltan los siguientes puntos de estudio:

1. **El interés para operar con criptomonedas**

Las razones por las cuales cada vez más personas apuestan por el mundo de las criptomonedas, se deben a querer buscar un acceso económico como este que está produciendo importantes resultados financieros en cuanto a escalabilidad y rentabilidad se refiere, desde el 2019 se han presentado posiciones de liquidez muy llamativas.

Más allá de que en el año 2020 se presentaron importantes caídas de los activos más sólidos, luego las posiciones volvieron a retomar gracias a que muchos inversores aprovecharon esta ventana del mercado para comprar a precio bajo, a través de posiciones cortas muchos inversores lograron incrementar sus ingresos.

Por otro lado, el empujón de la pandemia que limitaba los puestos de trabajo hizo que muchos ingresos empezaran a desvanecerse, por ello para combatir ese desanimo apostaron por la libertad financiera en línea de la mano de las criptomonedas, lo cual conlleva a cumplir con algunas inversiones hasta ejercer un day-trading.

Estas dos corrientes de usuarios que buscan vivir del trading, no se enfrentan a un panorama sencillo, pero si realmente prometedor, es alcanzable cuando puedas esforzarte más que la mayoría en producir ingresos, por ello cada día son más los que buscan invertir y obtener una cuenta para operar con libertad.

2. La preferencia para operar y crear estrategias sobre las criptomonedas

Los cambios dentro de los mercados es un panorama usual, en base a los clientes que forman parte de distintos brókers se puede notar como existen variables sobre su comportamiento, manteniendo dos ideas claras sobre invertir por predicciones y proyectos europeos o norteamericanos, ya que son los más potenciales en los últimos años.

Pero desde el 2021 todo el centro de la inversión en criptomonedas se centra sobre aquellas que estén respaldadas en el mundo de la tecnología, ya que la pandemia es un punto de atracción de interés sobre este tipo de mercado, como también el que representa a los videojuegos, sin dejar a un lado a las redes sociales.

Los fondos y los activos se han convertido en un amplio mundo de oportunidades y posibilidades para vivir de ello, siempre y cuando se sostengan estrategias o experiencia dentro de ese medio, ya que para algunos era un camino para vivir totalmente impensable pero la cantidad de operaciones demuestra el grado de interés.

La cotización detrás de cada mercado es llamativa, por ende, es una buena oferta para sostener un salario y vivir de esta actividad, es una atracción y un lado robusto que parece no cambiar, lo esencial es dedicarse a las tendencias del mercado, porque esto te ayuda a tener un progreso dentro de tu vida y sobre todo a nivel financiero.

Cuando se menciona el combate de la inflación, enseguida debes tomar en cuenta todo lo que representan las criptomonedas, es una seducción que está presente dentro de cada red social que visitas y es inevitable hacer caso omiso, sobre todo cuando surge alguna gran subida y se publican algunos testimonios de ganancias por dicho movimiento.

Las declaraciones de importantes figuras como es el caso de Elon Musk, han significado una afirmación para que este medio de inversión gane más fuerza, existen muchos factores de gran relevancia detrás de este mundo.

3. El nivel de formación es esencial para acceder a este medio

En medio de las plataformas que permiten operar con criptomonedas se ha evidenciado que los usuarios nuevos poseen mayor conocimiento, es decir existe una preocupación para ser parte de este medio y sobre todo para generar ingresos, los nuevos traders se toman en serio su formación y tú no puedes ser la excepción.

La realización de cursos o programas de formación es una oportunidad real para que vivas de la inversión de las criptomonedas, pero algunos con niveles mínimos o una noción del mercado pueden involucrarse con la inversión para generar ingresos y reinvertirlo en capital como también en formación para ti mismo.

Operar por sí mismos conlleva una visión futurista para velar por tus posibilidades de crecimiento, esta es una vía de libertad financiera donde las decisiones pesan, es un deseo claro la opción de vivir de estas inversiones, pero se logra únicamente apelando a la dedicación para que puedas empezar con algo más que sólo conceptos básicos.

Lo que debes aprender es a utilizar el factor externo a tu favor, como lo es investigar algunos eventos o lanzamientos de importantes corporaciones o proyectos que estén detrás de alguna criptomoneda, esto te produce una ventaja para que tu capital adquiera una mayor posibilidad de crecimiento.

Por otro lado, este medio obliga a convivir con la investigación de los cambios más convenientes, ya que operar con un modo de depósito o retiro que no sea favorable o que esté expuesto a la inflación es un inicio que te ubica en una mala posición, por ello tu cartera debe estar cubierta desde el principio a esta variable.

La apuesta más común es acudir a seminarios que apoyan los primeros pasos de inversión sobre las criptomonedas, es una ayuda para que desarrolles una visión simple pero que obtengas preparación para que tengas una base de análisis fundamental por lo menos, sin dejar a un lado el seguimiento a realizar sobre el mundo financiero.

En línea también puedes hallar una gran cantidad de indicadores, esos datos son los que te van a permitir hacerle frente a la volatilidad, el cual es un riesgo al que te tienes que acostumbrar y puede acabar con cualquier tipo de estrategias que estés diseñado por ello tienen un impacto directo sobre tus finanzas.

El filtro para discernir sobre las publicaciones valiosas o no, se encuentra en tus manos, forma parte de esa potestad por seguir fuentes oficiales o confiables, el objetivo es que llegues a conocer los indicadores que siguen los inversionistas profesionales y el tipo de efecto que poseen sobre la generación de ingresos.

La ayuda que puedes obtener de los medios es positiva, sobre todo cuando creas una estrategia de inversión, sin dejar a un lado el acceso hacia formaciones que dominen este ámbito para que sigas pasos más concretos y puedas desarrollar un estilo de vida patrocinado por las propias criptomonedas, lo esencial es seguir trabajando.

¿Cuánto debes generar para vivir de la criptorenta?

Vivir de la renta de las criptomonedas es un tipo de rentabilidad que requiere en primer lugar de conocimiento, inteligencia, libertad para tomar decisiones, autocontrol, creatividad y sobre todo aspiración de productividad, partiendo desde estas medidas básicas lo siguiente es fijar objetivos o metas.

Una meta tiene que ver directamente con el tipo de ingresos mensuales que seas capaz de generar, porque en deben estar por encima de tus gastos, además de ser lo suficientemente dignos para vivir, y convertir la actividad de inversión en un punto estable y constante, de ese modo puedes obtener ingresos pasivos y residuales sin tener que trabajar.

Ante el auge de las criptomonedas, sobre todo de la pionera Bitcoin, se ha marcado un comportamiento común de querer establecer una renta, pero para llegar a ese resultado debes contar con algunas bases de apoyo como un ingreso mensual, esto ayuda a que puedas extender tus activos financieros, sobre todo al inicio.

De igual manera dentro del mercado se están desarrollando algunas acciones donde se busca que tus Bitcoins puedan ser rendidores, por encima de la espera de su revalorización, porque en el medio del blockchain todavía queda mucho por explotar cuando se trata de generar ingresos para vivir de los mismos.

Todo nómada digital en la actualidad está concentrado en generar su propia renta en base de criptomonedas, pero sin crear ese obstáculo o espera de cotización, sino más bien con ciertas alternativas, por ejemplo, un punto de análisis es que si posees al menos 2 bitcoins puedes disponer de una renta de al menos el 6% de forma anual.

Ese tipo o generación de ingresos está por encima de cualquier negocio como lo es el alquiler de algún departamento, pero llegar a ese punto es una suma de pasos donde no puedes dejar de aprender para entender a fondo este mercado, ya que posee un funcionamiento dinámico donde se aplican instrumentos colaterales y siempre hay riesgos.

En lugar de sólo limitarte a salir y entrar de una inversión, puedes visualizar las monedas como un valioso activo, más allá de que el proyecto o su capitalización salga adelante o no, lo esencial es tener la convicción del modo en el cual vas a sobrevivir en este medio, debes conocer más detalles sobre los siguientes puntos:

- **Los antecedentes del Bitcoin**

Diversos inversores que creyeron vivir del Bitcoin, tuvieron que superar diferentes dificultades, hasta el punto de vender cada elemento o propiedad de sus patrimonios para invertirlo por completo en esta criptomoneda, eso los clasifica como verdaderos nómadas digitales porque pasaron a tener un estilo de vida más sencillo a causa de esta decisión financiera.

Ese tipo de posición demanda no mirar u obsesionarse por el futuro, sino pensar en un estilo de vida mucho más sencillo con un enfoque más diario, es momento para tomarse un descanso y recorrer lugares, esto permitirá que puedan ahorrar bitcoins y al mismo tiempo seguir con sus vidas.

Con apenas una casa rodante y un grupo de viaje, este tipo de osados emprendieron un estilo de vida diferente, sin tocar el tema de alguna depresión por caídas del Bitcoin ni mucho menos, ese estilo de vida permitió que muchos usuarios pudieran superar algún tipo de inflación que pasaba su país.

Lo mejor es que conservas un estilo de vida que no escale de gastos, ya que con las criptomonedas puedes tener una visión mucho más ambiciosa y elevar los gastos, cuando en realidad se trata de una forma de generar ingresos que necesita paciencia y tiempo para que tu dinero se pueda multiplicar.

Además, el lado positivo es que estás rompiendo con el sistema para trabajar por ti y para ti, los primeros meses pueden ser complejos y es factible utilizar un ingreso mensual tradicional, pero luego debes dar el gran paso a sólo usar criptomonedas y estrategias basadas en las mismas, hasta usar productos financieros criptográficos.

La aceptación comercial de las criptomonedas también ayuda mucho a que no debas realizar un cambio excesivo, pero esto en líneas generales se traduce en una vida llena de apuestas, aunque para generar grandes riquezas debes estar dispuesto a jugártelas todas por tu idea y estar conviviendo con la idea de perder.

Estar a ese grado de riesgo, provoca en muchas personas que el dinero no tenga el mismo valor para ellos, porque la disposición a perderlo todo por un mejor futuro, te ayuda a que no te importe demasiado ni tomes decisiones apresuradas, sin pensar en qué vendrá en el futuro porque es complicado responderlo.

Se trata de un viaje muy despacio donde conoces tus límites, de igual manera es una alternativa para pelar por la beneficencia y usar tanto el tiempo libre como el dinero, en un destino mucho más útil, la posibilidad de ser nómada digital está detrás del temple del inversionista, porque hay muchas formas de generar ingresos y vivir de dichos activos.

Algunas recomendaciones para vivir de las criptomonedas

El uso de las criptomonedas se apodera de más regiones del mundo, es un fenómeno usado para confrontar las crisis económicas, sin olvidar que es un medio estable para soportar algunos estragos como es el caso de una pandemia, ya que todo se gestiona de manera digital y es una ventaja a no pasar por alto o desestimar.

Los pagos digitales son la tendencia del momento, pero son temas financieros a indagar y consultar ampliamente, para que puedas llegar a obtener las ganancias que esperas, con algunos consejos puedes adaptarte a este frente financiero que representa un riesgo o reto para cualquiera, pero con grandes recompensas de por medio.

Los criptoactivos ocupados por los usuarios sobrepasan un 50% del bróker, gracias a que se observa como un medio de inversión para generar ingresos, esto también tiene que ver con los cambios que postula cada activo, ya que algunos resultados marcan un aumento de esta tendencia de inversión.

Como cualquier tipo de inversión, existen algunos riesgos con los cuales convivir para atreverse a realizar transacciones con estos activos digitales, al tratarse de criptomonedas hace falta un nivel importante de educación o formación, sobre todo para enfrentarse al momento cumbre de operar y reconocer las regulaciones de ese medio.

Para ser parte de este medio volátil debes tomar en cuenta las siguientes recomendaciones para apostar de la mejor manera por las divisas digitales:

1. **Desconfía de las promesas de ganancias exageradas**

Eludir o ignorar algunas recomendaciones es beneficioso porque te pueden prometer demasiado, y al final se trata de un fraude total, esto se debe a que diversas plataformas emiten promesas enormes a cambio de una pequeña inversión en activos de la talla Bitcoin, Ethereum y también sobre Binance Coin.

La recuperación de tu inversión inicial con ganancias rápidas no es algo que ocurra de la nada, lo mejor es seguir a expertos antes de realizar alguna inversión en base de un consejo, sin dejar a un lado que este tipo de activos representan una opción mucho más productiva a largo plazo, para aprovechar las oportunidades del mercado.

En cambio, dedicar atención a simples usuarios que crean una cuenta sobre criptomonedas te puede hacer caer en un riesgo de ser estafado, por ello muchas veces te prometen negocios ideales en base de criptomonedas, pero son un engaño que no duplican tus ganancias, sino que sólo desean cobrar por falsas recomendaciones.

2. No expongas todos tus recursos

Cuando tienes la posibilidad de invertir por criptomonedas, no dudes en hacerlo para que conozcas de este tipo de mercado hasta descubrir todo lo que ofrece, pero si posees ahorros limitados y quieres invertir en criptomonedas debes aceptar de antemano que vas a vivir con angustia por el tipo de fluctuaciones que atraviesa el precio de dicho activo.

El panorama de las criptomonedas está bajo una dependencia absoluta a la especulación como también al grado de volatilidad, por ello lo más apropiado es apelar por una inversión diversificada ya que de ese modo puedes obtener una inversión más segura, en cambio otras diarias enfrentan un riesgo mucho mayor.

Ese esencial que no destines todo el dinero que no estés dispuesto a perder, por ello del 100% de tu capital, no deberías destinar todo para esta finalidad, ya que los impactos financieros son incontrolables, además será una condición emocional que no te va a dejar tomar buenas decisiones, aumentando la posibilidad de un resultado terrible.

3. No posees protección legal

Este tipo de divisar virtuales no cuenta con sustento legal, por ello la decisión de ser parte de este mundo, conlleva aceptar esta idea para ser consciente que esta situación es un riesgo por encima de que sea un mercado altamente volátil, así que para dar los pasos apropiados es vital disponer de conocimiento sobre este medio.

Las criptomonedas demandan una dedicación de tiempo considerable, ya que a tiempo completo esa cadena de esfuerzos es lo que genera ganancias, sobre todo para aprender a mantener la calma y levantarse ante un revés sin perder todo el instante.

4. Estudia previamente la promoción detrás de cada criptomoneda

En lugar de invertir a ciegas en criptomonedas, debes tomar en cuenta cada detalle de las mismas, sobre todo porque algunos sitios web colocan contenido malicioso únicamente para atraer personas, del mismo modo debes cuidar tus datos financieros, por ser un tipo de información sensible que no debes compartir.

Antes de cualquier decisión puedes leer los comentarios, sin dejar de investigar cada aspecto que te genere intriga tanto de la empresa como también de la criptomoneda, de ese modo puedes evitar caer en alguna estafa, en el motor de búsqueda puedes introducir algunas búsquedas claves como las quejas u otras que te ayuden a medir su reputación.

No hay duda que el tema de las criptomonedas es cada vez más amplio y adquiere fuerza por las ganancias potenciales, pero es complicado determinar si en tu caso sea bueno o no invertir, ya que es un mercado expuesto a la incertidumbre de manera constante, pero muchas plataformas de intercambio están produciendo acuerdos con bancas tradicionales.

Las experiencias generales de vivir de las criptomonedas

Detrás de los diferentes tipos de estilos de vida modernos, se encuentran negocios de todo tipo en base de la era digital, tal como lo son los posts pagos y demás, que llegan a ser el sustento de muchas familias, como parte de un resultado inimaginable de parte de la transformación digital.

Pero una forma de pago favorita dentro de los amantes de trabajos en línea es por medio de criptomonedas, es una situación común a la que se enfrentan una gran cantidad de usuarios, en países latinos esta es una alternativa ideal porque ayuda a sobrevivir de cualquier tipo de inflación que esté presente.

Las ganancias y ahorros son utilizados para ser convertidos en criptomonedas de ese modo pueden sobrevivir y superar las complejidades económicas, por ello las experiencias como un medio de pago han sido realmente positivas, poseen un uso a nivel universal, desde hace varios años las criptomonedas se han consolidado.

En ciertos puntos se puede pensar o determinar que todavía el nivel de conocimiento se encuentra atrasado, sobre todo porque es un mercado con altas exigencias para que utilices tu dinero de manera apropiada sobre las criptomonedas, cualquier duda debe ser resuelta con anterioridad.

Formas de ahorrar y vivir de las criptomonedas

Más allá de cualquier estadística, en la actualidad es regular y frecuente comprar, ahorrar y sobre todo vivir de criptomonedas, es parte de la realidad digital que se vive y poco a poco se ha extendido a nivel mundial, tanto las personas como las organizaciones apuestan por movilizar y negociar con criptomonedas.

El ecosistema de pagos con criptomonedas se puede asociar hasta con el pago de bonos para empleados, esto genera un efecto a escala global muy importante en grandes países de la talla de España y Estados Unidos, pero al mismo tiempo ese nivel de uso conlleva a la aparición de impuestos, como un movimiento económico novedoso.

El sistema moderno de criptomonedas permite vivir a través del valor de este activo, comprar y hasta ahorrar, es una realidad que cobra sentido sobre muchos testimonios, además les da origen a otros servicios alternos como custodia de criptomonedas para resguardar este tipo de inversión, ya que se trata de una actividad permitida.

Las alternativas para cuidar tus ganancias o patrimonio son variadas, esta es una muestra de la expansión que está obteniendo este medio, donde además de todo debes obtener una pasarela confiable entre cripto y fiat, dentro del Exchange es que puedes obtener la función de gastar, ahorrar e incluso prestar, gracias a la aceptación de este activo.

De igual manera ese tipo de posesión te permite entretenerte y adquirir todo lo que necesites, lo importante es que puedes utilizar las criptomonedas para todo lo que desees por ello es un tipo de inversión que tienes a tu alcance para salir e ingresar cuando creas conveniente, esto se debe al ritmo acelerado en que se mueven las criptomonedas.

En la actualidad el manejo de cajeros te permite realizar transacciones con las criptomonedas, esto forma parte de las opciones globales que puedes llevar a cabo con las criptomonedas, bajo un número elevado de proveedores que compran y venden bitcoins para proporcionar efectivo.

- **Comprar criptomoneda para ahorrar y vivir**

El financiamiento de tu estilo de vida no sólo depende del arte, sino de la obtención de pasivos y activos, por ello las criptomonedas te pueden proporcionar esta alternativa con tan sólo pedir prestado de ese modo vas a empezar a invertir, negociar y gastar, además si no deseas adquirir tanto conocimiento o involucrarte en este medio puedes ser prestamista.

Es un hecho de que las criptomonedas proporcionan diferentes modalidades para vivir y ahorrar gracias a estos activos, donde también debes incluir la influencia de staking para conservar los fondos por medio de una wallet para que los activos se encuentren en constante producción de ingresos.

Todo este tipo de procesos pueden ser novedosos para muchos, también es cierto que se encuentra un nivel de riesgo alto y vacíos legales que pudieran desfavorecerte ante algún error o desacierto, por ello cada acción requiere de cuidado y extrema vigilancia al momento de operar o ejecutar transacciones.

Pero en comparación con el sistema tradicional financiero, esta infraestructura aumenta tus posibilidades de generar un mayor nivel de ingresos, pero sobre todo de disponer de la libertad de elegir, en cambio con monedas convencionales te expones a inflaciones a causa de crisis recurrentes a nivel mundial.

El mundo de las criptomonedas es un ecosistema activo, pero a su vez depende de pequeños detalles, es un paso hacia una gran cantidad de opciones novedosas, pero no cabe duda que es una realidad vivir y ahorrar en virtud de las criptomonedas, es una industria que vive en evolución tras evolución.

La transformación digital avanza para propiciar más comodidades a la comunidad criptográfica, cada innovación es una facilidad para que desde adentro puedas gestionar tus activos, es un tipo de disrupción a nivel financiero que posee importantes cualidades para seguir cambiando al mundo.

Las finanzas descentralizadas son el principal objetivo en la actualidad, ya que es una corriente futurista que se desarrolla cada vez con más fuerza, llegando a un nivel de consolidación que pocos pensaban, es un tipo de finanza equilibrada que adquiere poder conforme transcurre el tiempo.

Las habilidades para vivir del trading de criptomonedas

Vivir del trading de criptomonedas es una realidad que logran cada vez más personas, hasta el punto de ser la fuente principal de ingresos, pero es falso que sea un estilo de vida sencillo y lujoso en poco tiempo, al contrario, requiere de un proceso de consolidación y generación de ingresos constante.

El nivel de vida no es exclusivo, pero cubre todas las cuentas, es parte de uno de los beneficios del trading sobre todo bajo su modalidad a distancia se concibe como una oportunidad, pero ese logro medio no es fácil ni fugaz, todo se trata de un proceso que te permite adquirir las habilidades necesarias para vivir de dicha actividad.

Sin ciertas habilidades puntuales del trading no será posible generar ingresos que te proporcionen seguridad, las aptitudes elementales para vivir del trading de criptomonedas son las siguientes:

- **Fija una meta real**

Lo primero es establecer un objetivo que sea alcanzable, para ello sólo debes ser honesto o transparente contigo mismo, ya que a medida que conozcas y tomes en cuenta el autocontrol que posees, vas a poder responder ante algunas situaciones o dudas que se pueden presentar sobre este tipo de inversión.

Normalmente debes aclarar qué te produce el trading, además si buscas dedicarte a esta profesión a tiempo completo y dejar el trabajo tradicional, una vez que esto sea positivo y negativo, lo siguiente es seguir creando objetivos que sean coherentes, tal como resulta dedicarle un tiempo diario de aprendizaje al trading.

En medio de ese proceso de formación se requiere compromiso pleno, sin dejar de leer acerca de este ámbito o medio, ya sea sobre el trading, criptomonedas y el mercado en general, esas son bases de información de las cuales no te puedes alejar, lo más recomendable es que eso no decaiga por encima de las ganancias obtenidas.

Además, un buen texto de trading se puede convertir en tu mejor aliado, porque fortalece el nivel de psicología y te permite diseñar una estrategia adecuada a tus intereses, esto lo hace todo novato, como también los expertos ya que son hábitos que no deberías perder, el aprendizaje es continuo, veas o no resultados este es el medio para potenciar tu trayectoria.

Para que las criptomonedas sean un medio rentable debes volver de la educación una acción consistente, debe gustarte de verdad para que hagas todo el proceso con pasión y no dependas únicamente del resultado, sobre todo cuando depende de un mercado cambiante por el tipo de volatilidad, puedes llevar a cabo estas acciones:

1. Establece un plan y no lo rompas

El diseño de una estrategia es un compromiso mismo, pero como en cualquier inversión debes probar distintas modalidades hasta llegar a un punto definitivo, puedes toparte con un plan mejor que otro, pero lo esencial es que no te apegues a ningún plan, es decir la primera regla que no debes romper es la experimentación abierta.

Debes mantenerte firme al plan de probar estrategias, como también estar dispuesto a cambiarlas, sin importar si se trataba de una buena, mala o regular, lo importante es que realices un análisis de cada resultado, la intención es que no pierdas dinero sin una reacción legítima, por ello es deber es apelar a tu disciplina.

La voluntad de seguir en pie sobre un mercado volátil requiere de ese tipo de concentración, para que se cumpla al pie de la letra alguna estrategia que está siendo acompaña de resultados sólidos, pero todo se trata de conseguir esa estrategia única que te define, sobre todo lo que te haga fácil todo este proceso.

Formar un plan de trading se apega directamente a tu tipo de personalidad, como también el nivel de rutina que estás viviendo, de ese modo puedes operar con comodidad sin un apego negativo, sino una disciplina fiel a las complicaciones cuando sean planes que te han generado resultados comprobables, esta es la manera de cosechar beneficios.

2. **Gestiona el capital y el nivel de riesgo**

Al querer invertir en el trading de criptomonedas para vivir de ello, debes fijar una cantidad de dinero, ya que esto es lo que te va a permitir operar y al mismo tiempo es la herramienta a través de la cual vas a sostener las transacciones, sin la determinación del capital no vas a poder llevar a cabo ningún tipo de operación.

El trabajo y gestión de las criptomonedas se realiza en base a tu capital, y lo siguiente es procurar protegerlo a toda costa, porque a medida que tu capital se acortar no vas a poder mantenerte vivo dentro de estas inversiones, es vital cuidar los pasos que das y el riesgo que corres, ya que de lo contrario puedes lapidar tus primeras experiencias.

Seguir aprendiendo es un deber mismo que te facilita adquirir experiencia, sólo existe una manera de tener éxito y salir ileso a los mercados, y la respuesta se basa en ganar ingresos de forma progresiva, mientras que ejerces una gestión de riesgo de cada paso, sosteniendo la paciencia como principal recurso.

Al inicio puedes empezar a sólo ganar 0.5$ por cada transacción, por ejemplo, en caso de un trading day que desarrolla aproximadamente hasta 5 u 8 transacciones, pero también dentro de esa medida debes aceptar que no todas salen o terminan de forma positiva, y cuando no conoces un método de control de riesgo puedes perder más de lo que ganas.

Pero al dominar ese nivel de raciocinio de riesgo, puedes abrirte a otro nivel de ganancias, sobre todo cuando apuestas por el uso de StopLoss de un 2%, ese tipo de medida ayuda a que no pierdas más del 2% de lo que hayas generado, esto es importante porque siempre te vas a topar con operaciones perdedoras debido a la alta volatilidad.

El porcentaje de ganancias personas debe ir aumentando de forma paulatina, donde es clave que las pérdidas no sean mayores y ante todo que el capital pueda crecer hasta construir un tipo de ganancia significativa, ya que dinero generado, termina atrayendo un mayor porcentaje de dinero.

3. **Otras recomendaciones a tener presente**

Antes de querer profundizar el mundo de las criptomonedas, necesitas tomar en cuenta que en línea venden una imagen totalmente errónea de este medio, porque normalmente se publican los factores positivos del trading, causando que más personas deseen dedicarse a esta actividad, pero sin profundizar en temas de riesgo.

Realizar trading y convertirte en un trader no es sólo una autoproclamación, para tener inversiones que te permitan vivir de ello debes hacer mucho más, para que sean los resultados de tus operaciones los que te definan, lo demás son conjeturas sobre este ámbito, ante algún deseo de operar puedes considerar estos consejos:

- No tengas prisa o apuro por llegar a ser un inversionista exitoso en el mundo de criptomonedas, ya que ese tipo de premura no deja buenos resultados, ni te va a permitir avanzar en un medio que es progresivo, sobre todo cuando no deseas exponer todo tu capital a estas actividades.
- Sólo debes invertir por aquellos mercados que conozcas de verdad, y sobre los que estés dispuesto a perder, sin importar que esta no sea la intención, no hay duda de que se trata de un resultado con el que debes lidiar para que llegue a ser rentable.

- Es esencial que asuma que ser un trader demanda aprender a vivir con algunas pérdidas, nadie se encuentra excepto de este tipo de resultados, es un negocio donde perder es posible y una vez que lo puedas asumir te puedes atrever a seguir aprendiendo y hallar el plan que mejor te represente.
- Es totalmente falso que el trading se trata de adivinar el resultado de lo que va a pasar en algún mercado, el trader más bien se encarga de desempeñar una función de aprovechar los precios bajos o movimientos del mercado, pero por ningún motivo se trata de un adivino ni de intentar pelear con lo que impone el mercado.
- No hay duda que la clave se encuentra en el tipo de formación que recibas, sin olvidar dar pasos que te permita estar más cerca de lo que ocurra en el mercado, esto se denomina como una preparación para que tú cuenta y tus ingresos te lo agradezcan.

El salario regular del mundo cripto

Una de las principales carteras de salarios o bonos en la actualidad son las criptomonedas, son una medida óptima para construir una forma de vivir o llevar a cabo los gastos, hasta el punto de crear un soporte para tus jubilaciones, todo gracias a la decisión de invertir por estos activos digitales, aunque sean los más riesgosos en comparación de otros mercados.

Formar una billetera en base de las criptomonedas es una oportunidad plena para que tus ingresos aumenten, para ello debes alcanzar un buen mes, por ejemplo, o lo que se traduce de igual manera como un periodo de buenas decisiones, por ser la mejor vía para tu billetera sea fuerte.

La meta crucial en el medio de las criptomonedas es alcanzar la estabilidad, antes de iniciar puedes apostar por un experimento progresivo, todo consiste en invertir de formar regular sobre este activo, pero debes conocer las siguientes reglas más seguir en la actualidad:

- Invierte a través de una opción confirmada como Binance, ya que a lo largo del mundo es uno de los mercados más estables y alberga una gran cantidad de criptomonedas.
- Cada mes puedes dedicar un monto que ronda los 60 euros para invertir en criptomonedas, como uno de los primeros pasos para crecer y empezar en este mercado sin impedimentos económicos.

- Invierte la mitad de los fondos en criptomonedas estables y consolidadas como Bitcoin, por ejemplo, esto funciona como un activo volante que te puede ayudar a sobrevivir en este mercado.
- Más allá de una moneda estable, puedes seleccionar otras tres, sobre las cuales puedes sostener una inversión por lo menos desde el inicio hasta finales de ese año.
- Por otro lado, cuando pagues con criptomonedas debes visualizar los depósitos en Binance, esa es la clasificación que debe tener este tipo de movimiento.
- Al final de un periodo de tiempo debes decidir si puedes incluir otras criptomonedas sobre la cartera.
- El punto objetivo o clave de este tipo de inversión abarca hasta un lapso de 10 años.

No cabe duda que la inversión en criptomonedas es una opción favorable para pensar en la jubilación, ya que proporciona resultados excelentes a considerar, esta alternativa permite compensar las pérdidas que se generan sobre todo en el primer mes, hasta vas a contar con el plus de apelar por las monedas estables.

Los méritos de cada mes se encuentran detrás de cada acierto, una de las apuestas más prometedoras en la actualidad es Cardano, todo en general es un trabajo titánico para hallar las mejores opciones de inversión, y luego es que se pueden medir los resultados para observar el aumento cada porcentaje.

El registro del porcentaje ganado permite que controles la barrera psicológica, ya que empiezas a notar tras cada número que lo estás haciendo bien, el impulso que no debes perder es mantener a raya el margen de pérdidas, los resultados te sirven de valoración para medir o cambiar la cartera de criptomonedas.

Es típico que gastes alrededor de 60 euros en algún tipo de compra, cundo en realidad puedes destinar esto sobre una billetera de criptomonedas que te pueda resultar más rentable, por ello el paso a seguir hasta que se vuelvan un hábito pleno es el siguiente:

- **Depósitos en criptomonedas**

Es común que se desee congelar el capital por medio de las criptomonedas, ese tipo de depósitos se conocen como un medio ideal para cosechar intereses, esto se va devengando para acumular y tener un tipo de suscripción que se posiciona de forma automática, por ello se trata de un beneficio continuo.

El énfasis sobre esta medida es que luego de unos meses puedes obtener importantes ganancias, ya que cuando tu portafolio empiece a funcionar de forma correcta es que vas a toparte con el tipo de renta que te va a permitir vivir mejor hasta que el saldo de tu cuenta llegue a un punto óptimo.

Ahorros de jubilación en criptomonedas

Muchos países en el mundo invierten y adoptan con mayor confianza un fondo destinado para las criptomonedas, este punto es importante para tener liquidez en el futuro, esto se debe al respaldo legal que han obtenido algunos activos importantes como Bitcoin, ya que eso lo clasifica como una manera de resguardo financiero.

En el sector financiero el lugar que ocupan las criptomonedas es un privilegio, por ello hasta los fondos de pensión se pueden sostener gracias a este tipo de activos, donde puedes diversificar el tipo de monedas que incluyes sobre tu plan de inversión, es una oferta mejor por su amplitud en comparación de lo tradicional.

La mayoría de las tenencias están siendo declaradas en criptomonedas para que no pierdan su valor conforme transcurre el tiempo, la mayoría de las empresas opta por este camino de colocar sus activos sobre las criptomonedas, para aprovechar el sostenido aumento del valor de cada moneda como un motivo adicional.

Es visible que puedes generar ganancias importantes del primer nivel al detallar que tus fondos o capitales estén sobre estas divisas digitales, además el manejo del dinero es más sencillo pro medio de esta vía, en el caso del Bitcoin por ejemplo se trata de un activo que posee esa reserva de valor que la jubilación requiere.

En comparación de un producto básico este tipo de alternativa financiera tiene mayor posibilidad de sobrevivir a largo plazo, porque la inversión adquiere intereses y te proporciona felicidad cuando se presenta un movimiento alcista dentro del mercado, no se puede descontar el Bitcoin porque ha ganado mayor margen que el oro.

En lugar de disponer únicamente de activos tradicionales como especies de bonos y acciones, ahora se incorporan las criptomonedas, al construir un portafolio es posible ser parte de los movimientos positivos del mercado, las inversiones en torno de este activo generan un esquema futuro altamente favorable.

- **La especulación y el activo legítimo detrás de las criptomonedas**

Más allá de la satisfacción que puede generar la inversión en criptomonedas, convertir esta moneda en un fondo de pensión puede resultar arriesgado, pero al mismo tiempo es una decisión que genera mejores dividendos, la aceptación de involucrar tus fondos en un entorno especulativo es una creencia que se debe adoptar.

El Bitcoin como una reserva de valor puede resultar exagerado, sobre todo porque el precio es volátil, pero a largo plazo es una solución a tomar en cuenta, esto sólo va en contra de algunas posturas conservadoras, pero sigue siendo una tendencia para obtener intereses sobre cualquier fondo de pensión tradicional.

Detrás de los comportamientos relacionados con este tipo de mercado, se encuentra un margen muy llamativo para las empresas de gran renombre que desean ser parte de este medio, este tipo de utilidad sobre tu fondo de pensión ha sido elegida por Tesla, Square y muchas otras.

La inversión de activos es una ayuda de legitimización al mismo tiempo, ya que se trata de un mercado financiero de gran movilidad no sólo en tu país de origen, sino a escala global.

Comprar criptomonedas como garantía hacia el camino de la jubilación

Llevar a cabo operaciones con Bitcoins, por ejemplo, te puede dejar en unos 10 años próximos un importante fondo de jubilación, por ello las criptomonedas son recomendadas para ejercer inversiones rentables, la opción y la función de ser un trader de criptomonedas es un deber para que tengas una visión a futuro mucho más fuerte.

El optimismo que existe sobre las criptomonedas se ancla sobre su revalorización, es el motivo principal por el cual todo tipo de inversionistas dedica sus fondos en las criptomonedas, es una salida viable sobre todo para protegerte ante algunas situaciones económicas puntuales que estés viviendo.

Por encima de algunas situaciones financieras también representa una gran alternativa para tener tus activos multiplicados a mediano y a largo plazo, a nivel de países donde su moneda local es débil no hay nada como optar por algunas variaciones financieras que son resistentes como es el caso de las criptomonedas sobre todo las estables.

Lo más recomendable para iniciar es invertir por una menor cantidad sobre las criptomonedas más importantes, en caso de buscar una medida de jubilación puedes optar por el Bitcoin o Ethereum, pero debes empezar por reducir gastos mínimos e innecesarios para pasar a invertir esas pequeñas cantidades en criptomonedas para que sea útil.

La intención de optar por una revalorización continua de criptomonedas, es un modo de tener fuerzas o formas de responder en el futuro, la elección de grandes inversores por esta opción es una prueba más de la potencia que poseen dichos activos digitales, y sus movimientos son los que generan presión sobre la oferta y el precio de dichos activos.

La valoración que hay detrás de este tipo de activos es un parámetro que puedes utilizar para decidirte, el desarrollo es claro, detrás del nombre de cada criptomoneda hay un proyecto que posee un potencial de crecimiento viable, esta es una idea con la cual lidiar para que los activos que poseas puedan adquirir otro valor conforme pase el tiempo.

Los planes de jubilación diseñados a base de criptomonedas

Distintas empresas de gran reputación emiten un plan de jubilación, dentro de los cuales se apela de forma amplia al bitcoin, ante este tipo de necesidad algunas empresas ayudan e impulsan la formación de un plan de jubilación con potencial a cambio del pago por obtener su asesoramiento para asegurar tú futuro.

La mayoría de los portafolios creados son custodiados por las mejores jugadas, para que cuando algún empleado se retire pueda disponer de todo un fondo que ha generado intereses por el tiempo de sus labores, mientras los activos se destinaban sobre dichos activos elegidos que deben contener potencial para crecer.

En la actualidad existen más de 150 blockchain en España, y en cada país que facilitan las operaciones, permitiendo que los depósitos sean factibles y luego en el transcurso del tiempo puedas, la adopción de esta clase de tecnología permite que las empresas dediquen el fondo de pensiones en el plano de las criptomonedas.

Del mismo modo en China se diseñan a diarios planes en Blockchain para hacer que toda inversión pueda ir en escalada, y cada zona en Asia se ha convertido en el epicentro de la tecnología blockchain por encima de otras localidades, esto tiene que ver con la promoción de este tipo de tecnología que participa en diferentes ámbitos de la sociedad.

El inmenso desarrollo tecnológico es parte de la innovación industrial que está teniendo lugar en Asia, durante los últimos 5 años se ha fortalecido y la mayoría de las empresas locales apuesta por esta vía para proporcionar fondos de pensión, los cuales se sostienen en base de las noticias que surjan de ese entorno.

- **El Bitcoin y el Ethereum no puede faltar sobre un plan de jubilación**

A través del mundo de las criptomonedas y todo lo que causa a nivel financiero, es una oportunidad exclusiva para que a través de la capitalización puedas estar cerca de generar ingresos, hasta que dispongas de liquidez para vivir cómodamente, por este motivo los criptoactivos deben formar parte de todo plan de jubilación.

Este tipo de apuestas por tu futuro forma parte de un nuevo orden que supera la centralización, esta utilidad permite que se pueda aprovechar para explotar la tecnología blockchain, ya que este medio representa un aporte de rentabilidad único, sobre todo porque permite diversificar y es más fuerte en comparación a los medios tradicionales.

Disponer de asesoramiento para crear una cartera de jubilación, aumenta el porcentaje potencial de que obtengas un activo con mucho futuro, cuando se trata de rentabilidad este tipo de apoyo es más confiable para que no tengas que correr más riesgos, estos instrumentos eleva tus porcentajes de ganancias sobre el portafolio.

Pero en medio de la formación del portafolio, existen otros detalles o elementos externo, tal como resulta tu edad y los objetivos que poseas, todo esto cuenta al momento de fijar un plan que representa ganancias a largo plazo, al estudiar estos detalles puedes tener acceso a una importante fuente de rentabilidad a niveles altos.

A nivel global se invertía de manera tradicional en oro, plata y muchos otros activos, pero con la caída de su flujo la llegada de las criptomonedas tomó más fuerza, este nuevo flujo causa que el cuidado de las pensiones sea invertido para que se convierta en una renta variable, por ello es una alternativa real que adquiere sentido.

El lado llamativo de las criptomonedas se encuentra sobre el interés que genera, sin importar el nivel de riesgo que esta opción devenga, por ello para los que estén buscando diversificación y rentabilidad esta alternativa es la más apropiada porque cumple con dichos criterios, sin subestimar los avisos de precaución.

Esta toma de riesgo es un camino que puede potenciar cualquier especie de pensión, hasta el punto de cumplir con las obligaciones y los pagos a confrontar en el futuro, debes iniciar por crear un perfil para visualizar el riesgo y el tiempo a enfrentar hasta obtener una renta variable.

La apuesta especial por el Bitcoin es un camino especial para que adquieras un activo de inversión con mucho futuro por delante, lo importante es que mientras adquieras más datos puedas seguir ejerciendo un análisis para ajustar tus inversiones hacia las tendencias del mercado.

En el medio de los criptoactivos surge un margen de capitalización importante, por ello es una mejoría de liquidez, por ello una gran cantidad de exchanges participan dentro de la creación de fondos de pensión, se puede llevar a cabo una contratación para que asegures tu inversión y puedas disponer de activos aptos.

Pueda que todavía se encuentran muchas críticas sobre este sector de la economía, pero si bien es cierto que importantes activos como Bitcoin imponen un avance significativo, pero al mismo tiempo ha surgido una gran cantidad de información que permite confiar en este tipo de tecnología.

Al mismo tiempo se han impuestos algunos protocolos para que la capacidad de llevar a cabo algunas contrataciones no sea disminuida, por ello puedes obtener un aprendizaje básico que te permite apostar por el activo que desees sobre todo para sacar algunas utilidades de este mercado líquido y actualizado.

Lo importante es que te impongas la pregunta si eres capaz de medir y mantenerte en una posición que nos sea tan especulativa, pero con un plan a largo plazo que se construye con posiciones sólidas de altas proyecciones, esto se consigue a medida que puedas ejercer una visión minuciosa de cada activo.

Los puntos de vistas a considerar para aprovechar las criptomonedas, es el que te permita operar y tomar decisiones por tu cuenta, ese tipo de gestión es un tema personal, pero puedes utilizar algunos monederos digitales donde puedes aplicar algunas técnicas que son relacionadas con la obtención de ingresos pasivos.

En función de cada inversionista puedes elegir la disposición de tu capital, para empezar, proliferar el tipo de oportunidades que posees, esta nueva industria se encuentra a tu visión, todo depende de tus objetivos y en torno a ello es que vas a construir el plan de jubilación.

- **La estimación futurista de un plan de pensiones**

Una atención priorizada debe dedicarse sobre el futuro que posee el plan de pensión, con ese tipo de visión futurista se construye una inversión en criptomonedas, este aspecto sofisticado es lo que requieres porque alcanzar algún nivel de retorno, puedes sacar y estudiar datos de rentabilidad, riesgo y otros factores.

Seguir este camino permite que obtengas una cartera equilibrada, tomando en cuenta las medidas de rentabilidad y riesgo, al entender esto puedes visualizar las subidas y bajadas sin tanto temor de por medio, las limitaciones las puedes colocar tú mismo hasta que seas conservador como desees, lo esencial es que tu fondo de pensión esté protegido.

De esta manera puedes elaborar un plan eficiente, pero la combinación de activos siempre se concibe como una modalidad óptima para cuidarte, de ese modo te vas a encontrar con datos llamativos y claros, lo importante es que todo sea bien distribuido para alcanzar una renta variable, de ese modo la composición va a ser efectiva.

La lectura especial es lo que te permite comparar datos, con los cuales tus fondos puedan provocar que las pensiones sean mucho más útiles, en vista de las características de los activos que componen la misma, a medida que haya movimientos serán resultados que afectan tus planes de pensiones actuales.

El nivel de riesgo que proporcionan las criptomonedas es una manera de elevar la rentabilidad, pero por medio de una apuesta donde el lado tecnológico adquiere más fuerza, la disposición de tener dinero digital es un poder actual para utilizar los activos que reúnen una gran cantidad de características para que sean activos ideales de inversión.

Para negociar con este tipo de activos, debes tener la idea clara de convivir con algunos momentos amargos, es parte del lado bueno y no tan bueno que te va a acompañar hasta que decidas retirar todos los fondos dedicados sobre dicho plan de pensión, usando al máximo el valor y potencialidad de las criptomonedas.

El lanzamiento de Bitwage para crear un plan de jubilación

Las opciones disponibles en el mercado se extienden por medio de Bitwage, donde surge la oportunidad de ser parte del primer BTC 401(k) alrededor del mundo, esto forma parte de un plan de jubilación al cual pueden tener acceso, este proyecto está acompañado por parte de la asociación de Gemini y Kingdom Trust.

Cada empleado que se encuentre inscrito tiene la posibilidad de invertir en dos modalidades, en primer lugar, de dólares tradicionales del tipo Roth 401(k), todo esto proviene del proveedor de servicios que tiene las nóminas Bitwage, donde se ha diseñado un plan Bitcoin 401(k).

Este tipo de ejemplos demuestra la aceptación que están teniendo las criptomonedas, estos planes son aceptados y diseñados por una gran cantidad de empresas y compañías, una de ellas es Gemini y todo empezó por medio de una prueba de al menos 10 meses de duración de ese modo cada empleado empezó a invertir en Bitcoin.

- **Qué representa un plan 401(k)**

Una gran cantidad de empresas se encuentran patrocinando la práctica y preferencia sobre un plan de ahorros especial para cubrir las jubilaciones dedicadas para sus empleados, por medio de la construcción de estos planes puedes asegurar tu futuro, se conocen también como planes de contribución definida.

Esta opción te permite ahorrar dinero con facilidad para tener control de tu jubilación, sin necesidad de preocuparse por los impuestos federales mucho menos estatales, se trata de una renta sobre tus fondos hasta que seas capaz de retirar el fondo total por la llegada de la jubilación, y este es uno de los planes más comunes.

- **La jubilación por medio del Bitcoin**

La negociación de Bitwage con Gemini proporciona la oportunidad de crear un plan de pensión, esto es posible o real por medio de plataformas exchanges de máxima confianza para no correr ningún tipo de riesgo, además todo se desarrolla por medio de un tipo de custodia impuesta por los mejores y posee función de administración.

El perfil demográfico impuesto por cada compañía, permite adaptarse al tipo de criptomonedas que conviene comprar, para ello se realiza una navegación para aprovechar los tiempos económicos más oportunos, esto es favorable para las empresas por disminuir los gastos de nómina que implica o tiene que ver con la jubilación.

Estos planes proporcionan la oportunidad de crear contribuciones para crear beneficios a través de las cuentas 401(k), y para los empleados significa obtener mucho más, a través de un camino innovador puedes convertir tu inversión en un número mayor al que se introdujo al inicio.

- **La formación y la garantía de tu futuro tras las inversiones**

En el caso puntual de Bitwage se están desarrollando planes que en el futuro originan ventajas visibles, es lo mejor en comparación de otros productos financieros, esto se hace realidad bajo un plan sólido como el 401(k), es una alternativa para que los traders puedan monitorear el fondo destinado para su jubilación.

En el futuro este tipo de planes va a permitir utilizar más criptomonedas, pero por ahora todo se apuesta sobre la estabilidad del Bitcoin, en el caso de este plan se diseñó desde el año 2014 y desde entonces ha sido la modalidad más dominante para mantener viva a una nómina para que los pagos se puedan emitir en Ethereum, Bitcoin, y mucho más.

Este tipo de compañía también posee como proyecto o propósito principal que los freelancers puedan disponer de sus pagos en criptomonedas, ya que facilitan este servicio para Upwork y también para Toptal, logrando que las monedas digitales sigan más vigentes que nunca y sea un intercambio de valor ideal.

Hasta en planes de herencia se está utilizando con frecuencia el camino de las criptomonedas, sobre todo en regiones donde resulta muy costoso mantener este tipo de servicios o cálculos, sin que el valor de las propiedades esté en riesgo, este camino es factible sobre diferentes ámbitos por ello son planes que están revolucionando todo.

Las mejores criptomonedas para crear un plan de pensión

Al estar cerca de la edad madura es común que pienses en tus comodidades y garantías, por ello para que vivas la jubilación con plenitud puedes considerar algunas formas de inversión que cuiden tu patrimonio a largo plazo sin que sea un dolor de cabeza, al tomar decisiones positivas puedes ser un afortunado y tener ingresos regulares.

Al momento de tener un trabajo devengas un tipo de salario, el cual debe ser un enlace para obtener una pensión digna que te permita vivir plenamente, esto es complicado de lograr en este tipo de situación económica actual o por las crisis mundiales, y una forma de asegurar tus activos es por medio de las criptomonedas para tener una renta útil.

Ante la inacción del Estado para cuidar y construir tu plan de pensiones, una opción independiente y privada te permite que adquieras porcentajes de maravilla para vivir mejor cuando llegues a la jubilación, pero no debes optar por la banca sino más bien por un medio descentralizado que te genera más libertades.

La inversión en criptomonedas es interesante para obtener beneficios resaltantes, más allá de que sea una alternativa incierta o incontrolable, pero lo cierto es que facilita la creación de un plan de pensiones hacia un resultado diferente a las demás opciones y sobre todo resulta más rentable, hasta el punto de saber y participar más activamente con tus fondos.

No hay comparación sobre el nivel de rentabilidad que poseen las criptomonedas, donde resalta la representación que significa el Bitcoin, porque una inversión que lleves a cabo el día de hoy, puede transformarse en una medida doble o triple, causando que todo plan de inversión sea rentable.

Pero no todo se trata de criptomonedas, puedes diversificar los activos hacia otras criptodivisas que sean prometedoras a largo plazo, en el momento actual puedes optar por Monero y Faircoin, ya que son opciones que puedes explotar para asegurar tu pensión, pero de igual manera puedes ubicar tu confianza sobre otras opciones.

Normalmente puedes seguir de cerca el desarrollo de Litecoin, Ethereum, Dash y muchos más de este tipo, lo esencial es conformar una cartera apta en todos los sentidos para que cuando se presente la jubilación tengas formas de responder ante los distintos compromisos que estés por afrontar sin pensar en dinero o en la inactividad.

Los criptoactivos como señal de futuro para los fondos de pensiones

Todo lo que representan los criptoactivos se traduce en una esperanza nítida para hacer valer los fondos de pensiones, desplazando por completo el rol de las instituciones financieras tradicionales, esta solución es un movimiento de confianza para multiplicar tus fondos, más allá de los cambios que se visualizan en el mercado.

Ante algunas ventanas bajistas es una entrada formidable para que tu capital pueda aumentar, ya que estarías comprando criptomonedas a bajo precio, para que cada subida pueda ser empleada como una ganancia personal tras cada porcentaje aumentado del valor original, por ello se puede producir una importante recaudación para ti.

Una gran cantidad de compañías son capaces de propiciar un fondo de cobertura para pensiones concentrados en criptomonedas, donde es posible tener acceso hacia una administración más plena, lo crucial no se encuentra detrás del capital sino de los intereses que se generen, ya que eso es lo que sostiene tu fondo de pensiones.

Una vez que se presenten algunos máximos sobre el mercado, puedes obtener buenas noticias, pero como inversionista necesitas mantenerte cauteloso sobre todo cuando visualizas de cerca los cambios que sufre el capital, el cual debe ser preservado bajo una faceta bajista para que no se queme su valor.

Los fondos dedicados a las criptomonedas son una solución y al mismo tiempo un desafío, porque a nivel de detalles es un panorama complicado ya que todo nivel de comercialización afecta el precio de los activos, pero trabajar y asociar los fondos de pensiones con criptomonedas no es un hecho que ocurre de la nada.

Una medida auxiliar es la de gestores de fondo de inversión de pensiones, al final los activos digitales proporcionan comodidad, se requiere educación y una gran cantidad de tiempo invertido, de ese modo se pueden analizar las ventajas y desventajas, hasta seguir los pasos de los oficiales de inversiones principales.

El principal y único obstáculo para poner tus activos en manos de las criptomonedas es el grado de volatilidad, pero cada movimiento o variante debe ser aceptada por una alta dosis de paciencia, estos son factores claves para aventurarse al futuro de este tipo de mercado tan cambiante como lo es el de las criptomonedas.

Una gran cantidad de inversionistas se apega y se familiariza a los activos digitales, son los que genera comodidad por el control que se pueden ejercer sobre tus fondos, lo cual provoca que mientras se inserte capital, mayores son los beneficios cuando se siguen los caminos adecuados.

La victoria que se puede cosechar sobre los fondos de activos digitales es una garantía para que no se de devalúen, lo cual es útil en temas de jubilación, puede que las criptomonedas sean volátiles, pero cumplen con el criterio de tener una mejor evolución en comparación de los productos financieros tradicionales.

El rendimiento de las criptomonedas es asimétrico, lo cual implica que el potencial de alza con el que te puedes encontrar es superior al potencial de baja, y dentro de este comportamiento el Bitcoin cumple con dicha medida de retorno, es el pilar clave para llevar a cabo una inversión institucional.

La visión de invertir un fondo sobre una criptomoneda es una tarea o un paso alentador por el margen de crecimiento, mientras todos los riesgos asociados sean aceptados con naturalidad, vas a poder manejar el capital de mejor manera, es una manera inteligente de zafar la inflación y sólo lidiar con riesgos aceptables de un mercado.

Algunos movimientos de inversión sufren ante la especulación, esto se transforma en uno de los momentos más tensos, ya que ciertos movimientos pueden desconcertarte por completo, pero todo depende de la duración del mercado bajista como también de la volatilidad que se esté presentando sobre las criptomonedas.

Los beneficiarios de dicho fondo requieren un nivel de investigación máximo, de ese modo desde el lanzamiento de la inversión tu dinero empieza a confrontar riesgos, pero un equipo de inversión se mantiene al frente de dicho panorama más allá de cualquier preocupación que presentes.

Cada vez son más antecedentes los que se marcan en la inversión en criptomoneda para vivir plenamente en el futuro, donde cada participante empieza a preguntarse sobre qué activos digitales será conveniente colocar sus fondos para que en los próximos años empiecen a surgir los intereses.

Acciones que debes evitar para vivir de las criptomonedas

Sin importar el tipo de criptomoneda que prefieras o por la que estés invirtiendo, existen cuidados o recomendaciones a tomarse en serio, ya que esto te va a permitir alcanzar la libertad financiera que anhelas, pero es un terreno donde la lectura lo es todo, sobre todo dentro del comportamiento del mercado.

1. Desconocimiento sobre la criptomoneda

Lo que no debes olvidar es que se trata de una actividad que te puede generar importantes pérdidas, pero la concentración debe estar todo el tiempo en lo que puedes ganar, en lugar de ser pesimista ya que eso solo vulnera tu lado emocional, por ello una acción a evitar es el desconocimiento por lo que inviertes.

Detrás de todo tipo de criptomoneda se encuentra una finalidad, al conocer estos puntos puedes seguir las noticias de dicho sector sobre todo en base a la tecnología blockchain donde circulan muchos datos que no son entendidos por completo, pero te proporcionan una clara ventaja.

De forma amplia esto te ayuda a reconocer la cotización que existe sobre la misma, es decir la cantidad de compras y ventas de por medio, todo esto se puede conocer a través de la información o estadística que posee un Exchange, lo mismo ocurre con manejar una gran cantidad de información sobre el monedero que vas a utilizar.

Reconoce ante todo que este tipo de activo digital se encuentra totalmente descentralizado, y las predicciones sobre las mismas se ubica como un soporte de la economía del futuro, por ello las pensiones giran en torno a esta clase de activos, por ello se emplean con mayor frecuencia como inversión en lugar de una forma de pago.

2. **Leer y seguir cualquier sitio hallado en línea**

Cuando se trata de tus activos no puedes confiar en cualquiera, sobre todo porque puedes ser víctima de estafa o participar en un fondo que se involucre en actos de corrupción, por ello una forma de aprender es por medio de asesoría experta, como también de tus propios errores al iniciar por tu cuenta un registro en sitios legales al 100%.

Detrás de cada decisión se encuentra el futuro de tu dinero, optar por las criptomonedas no resulta un paso a la ligera, por ningún motivo es saludable actuar por prisa, en ocasiones seguir los impulsos no te depara ningún tipo de resultado positivo, por ello es mejor preferir una forma más segura y explicita.

En lugar de creer en todo lo que lees, lo más correspondiente es remitirte hacia fuentes que sean oficiales, sin dejar a un lado que no debes compartir ni con conocidos tu información financiera, ya que el control de los activos digitales depende de ese tipo de cuidado que puedas ejercer desde el inicio.

3. Gastar una fortuna en cursos sin reputación

Aprender a invertir en criptomonedas no es fácil, mucho menos si deseas que estos activos puedan representar tus fondos en el futuro, por ello no es suficiente con algunas charlas ni mucho menos, lo mejor es involucrarse por completo para despejar cualquier duda, sin perder demasiado el tiempo en sólo la práctica porque dejas pasar oportunidades.

En el mercado se abren algunas brechas que no debes dejar pasar, pero aprender es vital así que lo más apropiado es no perder el tiempo sino dedicarse a analizar tus opciones, sin necesidad de tomar acciones impulsivas que se encargan de realizar la inversión por ti, es un tema de seguir lo que resulte más profesional y efectivo.

Lo que no se puede eludir es el deber de aprender, pero tampoco se puede llevar al extremo de ser parte de un curso que posee como único objetivo extraer tu dinero, ya que sólo te van a emitir consejos que suenan bonito, pero que en el desarrollo del mercado no generar ningún efecto ni mucho menos prepara tu psicología.

4. Elegir una criptomoneda por una promesa alcista

Pensar en vivir de las criptomonedas y obtener dinero fácil no es algo que ocurra de la noche a la mañana, por ello por encima de la codicia debes comprender que algunas criptomonedas reciben publicidad para beneficiar a los que ya están dentro, además que requieres orientación para identificar la caída de ese máximo o momento alcista.

En el mercado el patrón común es que exista un nivel de precio elevado, para luego presentarse una tendencia bajista, es parte de la dinámica de este tipo de entornos, porque como en cualquier otra inversión todo lo que sube tiene que bajar, a lo largo de la historia ese tipo de patrones forman parte de cualquier economía.

El aprendizaje debe ubicarse mayormente en tomar las medidas para que no tengas pérdidas por este tipo de movimiento, es usual que escuches o leas muchas publicaciones donde te recomiendan comprar porque valdrán ampliamente en el futuro, ese tipo de concepto se establece sobre la mayoría de los activos.

Lo importante es que seas capaz de reconocer su valor, además de determinar si posee potencial para que escale de precios, ya que el futuro no se puede leer, pero en la actualidad puedes medir para qué sirve dicha criptomoneda, es un adelanto de hasta dónde es capaz de llegar, ya que ningún precio es estable en absoluto.

Las temporadas y noticias afectan a un precio, por ello el valor real es relativo y es complicado de determinar a ciencia cierta alguna proyección, pero cuando se trata de vivir de esta actividad lo más apropiado es apostar por los activos que sean más estables para que puedas confiar en ello tu jubilación.

5. Pedir un préstamo y elevar tus gastos al invertir en criptomonedas

La inversión en criptomonedas como un estilo de vida, va de la mano con una disminución de tus gastos, a menos que tus ganancias estén por encima del consumo que realizas, esto ayuda a que tus fondos en su totalidad puedan ganar intereses sin apuros, además el capital que se involucra sobre la criptomoneda debe ser un fondo que no necesites.

En el caso de pensiones y jubilaciones, tiene que ver con una administración y protección de los fondos, como una medida útil ante la inflación como también de la intervención y comisiones que generan las instituciones públicas, las cuales además de todo no generan ningún tipo de aumento sobre el capital.

Al querer vivir de estos activos digitales, no debes plantearte ganar demasiado o querer recuperarte con dinero de otra persona, ya que eso sería una presión extrema cuando no se produzcan los resultados que estás buscando, este problema gigante no te permite ver las oportunidades, sin dejar a un lado que te puedes endeudar.

Este tipo de acción de pedir prestado solo empeora todo, lo más usual son testimonios en los cuales toda una familia vende su patrimonio para invertirlo en criptomoneda, lo cual es más sensato que pedir préstamos, aunque se observe de diferente forma, a largo plazo genera más oportunidades un fuerte capital a base de tus patrimonios.

En lugar de observar las inversiones como un hecho imposible, puedes empezar por destinar tus gastos en comida chatarra o simplemente unos 5 dólares mensuales, semanales o como prefieras, pueden ser dirigidos hacia la construcción de un fondo en criptomonedas que pueda representarte el día de mañana.

6. **Apostar por criptomonedas de poca trayectoria**

Vivir sobre los ingresos y movimientos de las criptomonedas depende más que todo de elegir activos estables, sobre todo cuando deseas destinar tu jubilación sobre estas divisas, porque si posee detrás un proyecto sólido y un comportamiento escalable para que a largo plazo puedas ser millonario o que tus fondos hayan adquiridos importantes intereses.

Esto aplica para todas las criptomonedas en general, ya que optar por las que valen 1$ hoy, solo para esperar un crecimiento masivo en unos años tenga un precio de 100$ o más, es una medida futurista, pero al mismo tiempo vacía, ya que hay muchos factores de por medio para certificar que se trata de una criptomoneda con potencial.

Hallar ese tipo de oportunidades es complicado, en todo caso depende de la visión y estudio de expertos que miden criptomonedas nacientes, pero nada está escrito en este tipo de mercado, la idea de multiplicar tu dinero dentro de este mundo es una escalada progresiva, lo esencial es que no compres ni inviertas todo si tener una base de investigación.

www.ingramcontent.com/pod-product-compliance
Lightning Source LLC
Chambersburg PA
CBHW070444220526
45466CB00004B/1763